Ursula Ritter

Kieselmaus sucht ein Zuhaus

Steine wecken Fantasie

Aus der Reihe
Das kann ich schon!

CHRISTOPHORUS

Kieselmaus sucht ein Zuhaus

Steine – große, kleine, dicke, dünne – schwarze, graue, weiße oder bunte – glatte, oder glänzende, rauhe, runde oder kantige – Steine faszinieren Kinder! Sie finden sich nach jedem Spaziergang in Hosen- und in Jackentaschen. Kinder suchen, sammeln und sortieren Steine. Kinder betrachten Steine sehr genau, sie staunen über die vielen verschiedenen Formen und Farben, sie bemerken einen winzig kleinen Stein oder erklären den allergrößten Stein für ihren Lieblingsstein. Kinder wollen mit Steinen experimentieren und spielen.

Mit Steinen können Kinder tolle Sachen machen: mit Knete eine Schnecke formen, mit Filz- oder Wollresten einen Stein in ein Mäuschen verwandeln, mit anderen Naturmaterialien Blätter-Tiere erfinden, ein Mandala legen oder eine Steinrassel bauen …
Das Wasser in einem Aquarium läßt die Steine in vielen Farben schimmern, im Sand können viele verschiedene Phantasietiere gelegt und immer wieder verändert werden, mit Farben können Glückskäfer oder Spielsteine gestaltet werden …

Steine, Filz und bunte Blätter

Steine – ein Naturmaterial, das überall und zu jeder Jahreszeit gesammelt werden kann. Auf jedem Spaziergang, am Bach, auf dem Feldweg oder im Park, können Kinder Steine in ganz verschiedenen Formen, Farben und Größen entdecken. Sie werden staunen, mit welchem Eifer Kinder Steine suchen und entdecken werden. Kinder haben viel Freude daran, einen allerschönsten oder einen ganz besonderen Stein zu suchen.
Zuhause können die Steine dann gewaschen, vielleicht auch mit einer Bürste gereinigt und getrocknet werden. Ein großer Korb oder eine schöne Schachtel eignen sich dazu, die Steine aufzubewahren.
Wer auf dem Spaziergang auch Blätter gesammelt hat, kann diese zwischen Löschpapier oder Katalogen einige Tage pressen und dann als Bastelmaterial verwenden.
Halbedelsteine faszinieren Kinder mindestens ebenso wie Natursteine. Die kleinen Edelsteine werden in vielen Kindergärten als Spielmaterial angeboten.
Steine können aber auch mit vielen anderen Materialien kombiniert werden. Am besten stellen Sie Ihrem Kind möglichst viele verschiedene Bastelmaterialien zur Verfügung: Knetmasse in verschiedenen Farben, Filz oder Wollreste, Tonpapier oder bunte Wellpappe sind ein geeignetes Angebot für Kinder ab vier Jahren. Dazu gehören auch Fingerfarben und Wachsmalstifte, eine Bastelschere mit einer abgerundeten Spitze und tropffreier Klebstoff.

Mit Steinen spielen

Wenn die gesammelten Steine auf dem Tisch oder auf einem großen Tuch ausgebreitet werden, beginnen Kinder spontan damit, die Steine neugierig zu betrachten. Mit Steinen können Kinder viele Spiele erfinden und spielen. Sie haben viel Spaß daran, Tiere und Figuren in den Sand zu legen. Das können Tiere sein, die jeder kennt, oder Phantasietiere, denen die Kinder ausgefallene Namen geben. Solche Legebilder können Kinder allein oder in kleinen Gruppen legen. Wenn zum Beispiel mehrere Kinder abwechselnd Steine an ein Tier anlegen, wird dieses ganz bestimmt ein fabelhaftes Phantasietier werden. Alle Kinder bestimmen mit, wie dieses sonderbare Tier aussehen wird!

Oder es entsteht ein Bild, das eine kleine Geschichte erzählt. Vielleicht ist es eine Geschichte von zwei Hasen, die dem Osterhasen helfen, Eier zu verstecken ... Mit Fingerfarben können Kinder einfache Formen auf Steine malen und mit den bemalten Steinen Domino spielen. Je mehr Steine mit Formen in verschiedenen Farben bemalt werden, desto länger wird die Domino-Schlange werden! Auch ein einfaches Memory können Kinder selbst gestalten. Dafür malen sie auf jeweils zwei Steine ein ähnliches Motiv, zum Beispiel ein Haus, einen Baum oder einen Pilz.

Das kann ich schon!

Kinder spielen und experimentieren mit großer Ausdauer und Intensität mit Steinen. Sie werden bald ganz von selbst Spiele erfinden oder mit den Steinen im Sand Formen, Figuren oder Bilder legen. Anregungen, die zum kreativen Gestalten mit diesem Naturmaterial einladen, werden von Kindern gern aufgegriffen. Zeigen Sie Ihrem Kind, wie es mit diesem Buch ganz selbständig umgehen kann. Die großen Abbildungen zeigen eine Bastel- oder Gestaltungsidee. Die kleinen Abbildungen auf der linken Buchseite veranschaulichen, wie zum Beispiel die kleine Kieselmaus ganz einfach aus einem Stein und einigen Filzresten gebastelt werden kann. Schritt für Schritt können auch kleinere Kinder bald ein Mäuschen fertigen.

Eltern-Tip

Wenn besonders schöne Natursteine als Spielsteine oft verwendet werden sollen, lohnt es sich, die Steine mit etwas Speiseöl zu polieren. Die Farben der Steine werden dann viel intensiver und leuchtender sein.

Kleiner Hund

Material: Steine in verschiedenen Farben, Formen und Größen; Sand

So kannst du einen Hund legen:

1. Wenn du viele Steine gesammelt hast, wirst du darunter sicher einen Stein finden, der aussieht wie ein Hundebauch, und einen anderen, der aussieht wie ein Hundekopf. Die beiden Steine legst du in den Sand.

2. Nun suchst du zwei Steine für die Beine aus.

3. Damit dein Tier ein richtiger Hund wird, braucht es noch Ohren und einen Schwanz. Lege zwei Steine als Ohren in den Sand.

4. Jetzt fehlt nur noch der Schwanz! Wenn du einen ganz kleinen Stein finden kannst, bekommt dein Hund noch ein Auge.

Tip

Du kannst mit deinen Freunden ein Legespiel spielen. Zuerst sammelt ihr viele Steine: große und kleine, runde, ovale und flache Steine; Steine in verschiedenen Formen, Farben und Größen. Dann beginnt das Spiel: Ein Kind sucht einen großen Stein für einen Tierkörper aus und legt ihn in den Sand. Ein anderes Kind sucht einen Stein für den Kopf aus und legt ihn an den Körper. Das nächste Kind legt die Ohren, wieder ein anderes einen Schwanz ... Könnt ihr das Tier jetzt erkennen? Ist es ein Hase oder ein Kaninchen?

Eltern-Tip

Sandbilder sind bei Kindern sehr beliebt. Wer keinen Garten hat, kann eine große Schachtel oder Kiste mit flachem Rand für dieses Legespiel einrichten. Damit der Sand nicht durch die Ritzen rieseln kann, legen Sie eine Folie auf den Boden, bevor Sie den Sand einfüllen.

Stein an Stein, das Hündchen
wird bald fertig sein.

Steinspuren-Muster

Material: Steine mit unterschiedlichen Oberflächen; weißes Zeichenpapier; Tonpapier
Hilfsmittel: Wachsmalstifte oder Wachsmalblöcke; Schere; Klebstoff; schwarzer Filzstift

So kannst du ein Steinspuren-Muster machen:

1. Zuerst suchst du einen großen Stein oder eine Steinplatte mit einer rauhen Oberfläche.

2. Auf den Stein legst du ein weißes Blatt Papier. Du mußt das Papier mit der einen Hand gut festhalten. Mit der anderen Hand malst du mit Wachsmalstiften auf dem Papier. Siehst du, daß sich dabei die Steinstrukturen auf das Papier übertragen?

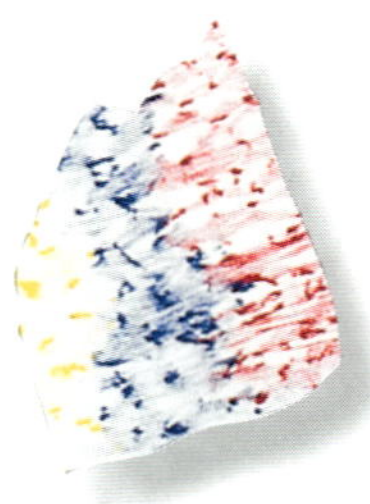

3. Schau dein Rubbelmuster genau an. Vielleicht sieht es an einer Stelle aus wie ein Felsen. Schneide eine Form aus, die aussieht wie ein großer Felsblock.

4. Wenn du magst, kannst du dein Rubbelmuster auf eine Karte aus Tonpapier kleben. Mit einem schwarzen Filzstift malst du eine Linie rund um den Felsblock.

Tip

Hast du schon ausprobiert, wieviele verschiedene Muster du malen kannst, wenn du dein Papier auf Steine mit ganz unterschiedlichen Oberflächen legst? Sicher findest du viele Steine oder Steinflächen. Zum Beispiel im Hauseingang, auf dem Balkon, oder gibt es vielleicht einen Gartenweg aus Steinen in eurem Kindergarten?
Mit deinen Rubbelbildern kannst du Karten, Lesezeichen oder schöne Bilder gestalten.

Eltern-Tip

Kinder haben viel Spaß daran, unterschiedliche Formen und Strukturen von Steinen zu entdecken. Sie tasten und spüren mit den Fingern oder mit der ganzen Hand. Geben Sie ihnen Zeit und Gelegenheit, die Vielfalt der Formen und Oberflächen zu erfahren!

Aus Rubbelmustern kannst du bunte Bilder oder schöne Karten gestalten.

Domino-Schlange

Material: Steine in verschiedenen Formen, Farben und Größen
Hilfsmittel: Wasserfarben; Pinsel; Schale mit Wasser

So bemalst du die Steine:

1. Zuerst suchst du dir einen Stein aus. Auf den Stein malst du ein gelbes Dreieck.

2. Dann malst du genauso ein gelbes Dreieck auf einen anderen Stein. Neben das gelbe Dreieck malst du noch ein grünes Viereck.

3. Dann nimmst du wieder einen anderen Stein. Auf diesen Stein malst du ein grünes Viereck und einen roten Punkt.

4. Beim nächsten Stein beginnst du mit einem roten Punkt. Dann malst du einen blauen Punkt daneben. Damit du eine Domino-Schlange aus ganz vielen Steinen legen kannst, malst du auf diese Weise noch viel mehr Steine an!

Tip

Einen Stein, der größer ist als die übrigen, nimmst du als Schlangenkopf. Male zwei rote Punkte als Augen und ein grünes Dreieck als Mund auf. Dann kannst du mit deinen Freunden ein Schlangen-Domino spielen. Ihr legt abwechselnd Steine an den Schlangenkopf an: Zuerst legt ihr einen Stein mit einem roten Punkt an den Kopf an. Dann sucht ihr nach einem Stein, der ein grünes Viereck hat, und legt ihn daneben. Seht ihr, daß die Schlange immer länger wird?

Eltern-Tip

Wer mag, kann auch Steine mit Motiven bemalen. Zum Beispiel ein Haus, eine Blume oder einen Pilz. Wenn jeweils zwei Steine mit dem gleichen Motiv bemalt werden, können die Kinder mit diesen Steinen Memory spielen.

Mit diesen Steinen kannst du mit deinen Freunden Domino spielen: Ihr könnt eine kunterbunte Schlange aus vielen Steinen legen!

Steine im Aquarium

Material: Steine in verschiedenen Formen, Farben und Größen; Wasserglas mit einer großen Öffnung; Knetmasse; Ableger einer Grünpflanze

So kannst du ein Aquarium bauen:

1. Für dein Aquarium suchst du besonders schöne Steine aus! Hast du schon bemerkt, wie unterschiedlich Steine aussehen können? Sicher entdeckst du Steine in ganz verschiedenen Formen, Farben und Größen. Lege die Steine in ein Glas.

2. Die kleine Grünpflanze steckst du vorsichtig zwischen die Steine. Nun füllst du Wasser in das Glas. Schau doch mal, wie sich die Steine verändern. Im Wasser sind sie noch viel bunter! Manche haben Flecken, andere haben Punkte.

3. Und wer soll in deinem Aquarium wohnen? Du kannst einen Krebs aus einem runden Stein und Knete machen. Forme aus der Knete sechs Beine und drücke sie an einen rauhen Stein.

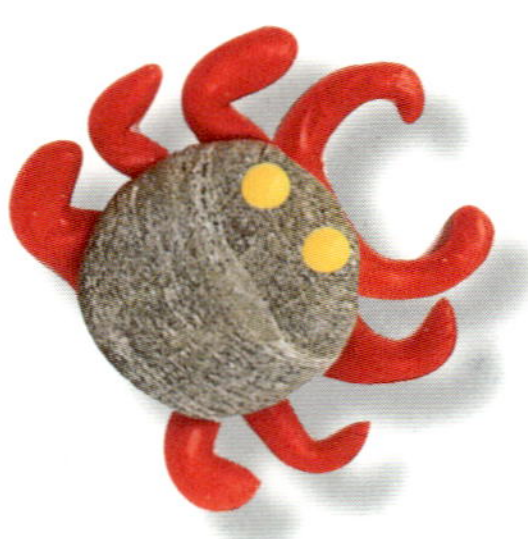

4. Dann bekommt der Krebs noch zwei Greifarme. Für die Augen kannst du winzig kleine Kugeln kneten.

Tip

Du kannst aus Steinen und Knete noch andere Meerestiere formen. Zum Beispiel einen Fisch oder eine Meeresschnecke oder einen Seestern oder…

Eltern-Tip

Auf einem Spaziergang an einem Bachlauf können Kinder beobachten, wie sich die Farben der Steine verändern. Sie werden im Wasser sicher besonders schöne Steine entdecken, diese sammeln und mit nach Hause nehmen. Sind die Steine dann getrocknet, wirken sie matt und sind manchmal kaum wiederzuerkennen! Im Wasser dagegen schimmern alle ihre Farben!

Schau doch mal, wie sich die Steine im Wasser verändern! Die Farben der Steine leuchten viel intensiver. Manche Steine blinken und funkeln sogar!

Kieselmaus

Material: Steine; Filzreste in verschiedenen Farben; kleine Klebepunkte; evtl. Wollreste
Hilfsmittel: Schere; Klebstoff

So kannst du eine Kieselmaus basteln:

1. Für die kleine Kieselmaus nimmst du einen schönen runden Stein als Körper. Die Ohren und den Schwanz schneidest du aus Filz aus.

2. Zuerst klebst du die Ohren an den Stein.

3. Dann bekommt die Maus einen Schwanz.

4. Für das Gesicht und das Schnäuzchen nimmst du einfach kleine Klebepunkte.

Tip

Wenn du magst, kannst du auch aus Wollresten Mäuseohren und ein Mäuseschwänzchen formen und an einen Stein kleben.

Eltern-Tip

Wenn Sie Kindern verschiedene Filz-, Stoff- und Wollreste zur Verfügung stellen, wird sicher bald eine bunte Mäuseschar durch das Zimmer huschen. Vielleicht möchten die Kinder auch noch andere Tiere basteln, zum Beispiel ein kleines Glücksschwein!

*Sehen sie nicht neugierig aus,
die kleinen Kieselmäuse?*

Stein-Schnecken

Material: Steine; Knetmasse in verschiedenen Farben

So formst du eine Schnecke:

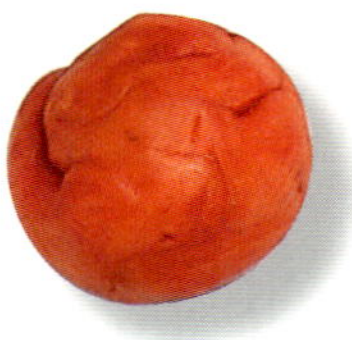

1. Zuerst formst du den Schneckenkörper aus Knete. Wähle eine Farbe, die dir besonders gut gefällt. Wenn du die Knete zwischen deine flachen Hände legst und deine Hände kreisen läßt, wirst du eine Kugel formen.

2. Aus der großen Kugel knetest du mit beiden Händen eine Rolle. Jetzt biegst du die Rolle so, daß ein Schneckenkörper entsteht. Nimm einen schönen runden Stein als Schneckenhaus.

3. Sicher weißt du schon, wo der Kopf der Schnecke ist. Dort formst du die kleinen Schneckenhörner.

4. Damit die Schnecke etwas sehen kann, formst du kleine Knetkügelchen als Augen. Jetzt fehlt nur noch die Nase!

Tip

Sicher kennst du noch andere Tiere, die du aus Steinen und Knete gestalten möchtest. Vielleicht möchtest du einen Igel oder eine Schildkröte versuchen. Wenn du ein Vögelchen gestalten willst, kannst du auch richtige kleine Federn als Flügel und Schwanzfedern verwenden. Dann ist dein Vögelchen schön bunt und flauschig.

Eltern-Tip

Knetmasse in Kinderhänden ist ein besonders beliebtes Material zum Gestalten und Spielen. Stellen Sie Ihrem Kind eine Auswahl verschiedener Farben zur Verfügung. Dann wird es bald selbst die tollsten Tiere erfinden. Auch für einen Kindergeburtstag oder einen Besuch bei Freunden kann ein Spielangebot mit Steinen und Knete eine attraktive Beschäftigungsidee sein. Sprechen Sie mit den Kindern über die entstandenen Tiere. Vielleicht sind manche Tiere so eindrucksvoll, daß die Kinder eine Geschichte dazu erzählen möchten ...

Die Schnecken zeigen stolz ihre schönen Schneckenhäuser.

Stein-Rassel

Material: viele kleine Kieselsteine; kleine Kaffedose mit Deckel; Filz in verschiedenen Farben; Wollreste; Holzperlen; Gummiring
Hilfsmittel: Schere; Klebstoff; Zackenschere

So kannst du eine Rassel basteln:

1. Wähle eine Farbe, die dir gut gefällt, und schneide aus Filz einen Streifen und einen Kreis aus. Der Kreis muß größer als der Dosendeckel sein. Der Streifen soll die Dose rundum bedecken.

2. Nun füllst du Steine in die Dose und verschließt sie mit dem Deckel. Dann nimmst du den Kreis, legst ihn auf den Deckel und befestigst ihn mit dem Gummiring.

3. Jetzt klebst du den Streifen um die Dose.

4. Damit deine Rassel lustig bunt wird, schneidest du mit der Zackenschere viele verschiedene Dreiecke aus. Die Dreiecke klebst du auf die Dose.

Tip

Wenn du mit den Fingern auf den Dosendeckel klopfst, wirst du bemerken, daß du deine Rassel auch als Trommel benutzen kannst!
Du kannst auch eine Dose mit Resten von bunter Wellpappe bekleben. Schneide lange Streifen, spitze Dreiecke und andere Formen aus und klebe sie auf die Dose.

Eltern-Tip

Helfen Sie Ihrem Kind beim Zuschneiden der großen Teile aus Filz. Kleinere Kinder benötigen vielleicht Ihre Hilfe beim Aufkleben dieser Teile. Das Ausschneiden und Aufkleben der bunten Dreiecke wird allen Kindern Spaß machen! Wer möchte, kann eine Kordel aus Wollresten um die Dose binden.

Kannst du dir vorstellen, wie diese Rassel klingen wird? Am besten probierst du es gleich einmal aus!

Glückskäfer

Material: flache Steine; rote und schwarze Fingerfarbe; kleine weiße Klebepunkte
Hilfsmittel: Pinsel; Schale mit Wasser; evtl. schwarzer Filzstift

So bemalst du den Stein:

1. Zuerst suchst du dir einen flachen Stein aus. Den Stein malst du mit roter Farbe an.

2. Sobald die Farbe getrocknet ist, malst du den Kopf und den Strich auf dem Rücken mit schwarzer Farbe.

3. Nun fehlen dem Käfer noch die schwarzen Punkte. Die tupfst du ganz vorsichtig mit der Pinselspitze auf.

4. Damit der Käfer etwas sehen kann, bekommt er Augen. Du kannst sie aufmalen oder weiße Klebepunkte mit einem schwarzen Filzstift bemalen und aufkleben.

Tip

Du kannst große und kleine Steine als Käferchen bemalen. Bei kleinen Käfern ist es einfacher, wenn du die schwarzen Punkte mit einem Filzstift malst. Wenn du die Steine, die du gesammelt hast, genau anschaust, fallen dir sicher noch andere Tiere ein, die du malen kannst. Vielleicht ist ein Streifentier dabei oder eine kleine Maus oder ein grüner Frosch…

Eltern-Tip

Marienkäfer werden gern als Glücksbringer verschenkt. Wenn die Käfer auf dem Balkon oder im Garten als Dekoration zwischen Blumen krabbeln sollen, können Sie die Farben mit Klarlack wetterfest machen.

Mit Fingerfarben kannst du Steine in Glückskäfer verwandeln!

Großer Blätter-Käfer

Material: großer ovaler Stein; Blatt, z.B. von einer Eiche; Blättchen vom Farn; evtl. Knetmasse
Hilfsmittel: Tonpapier oder Tücher als Untergrund

So kannst du einen Käfer gestalten:

1. Als erstes suchst du dir ein schönes großes Blatt und einen ovalen Stein aus.

2. Der Stein ist der Körper des Käfers. Du legst ihn auf das Blatt.

3. Dann suchst du einen Stein als Kopf für deinen Käfer aus. Wenn du in deiner Steinsammlung auch winzige Steinchen hast, kannst du noch zwei Augen legen.

4. Als Fühler kannst du kleine Blätter vom Farnkraut nehmen. Lege die Fühler an den Kopf.

Tip

Sicher hast du etwas Knete. Wenn du kleine Kügelchen formst, kann dein Käfer farbige Augen bekommen.

Eltern-Tip

Blätter-Tiere können mit frischen oder gepreßten Blättern gestaltet werden. Wenn Sie mit Ihrem Kind von einem Herbstspaziergang Blätter in verschiedenen Farben mitgebracht haben, können Sie diese einige Tage zwischen Löschpapier oder Katalogen pressen. Am besten legen Sie einen kleinen Vorrat an, damit Sie Ihrem Kind jederzeit Naturmaterial als Anregung zum Basteln und Gestalten anbieten können.

Aus Steinen und bunten Herbstblättern kannst du viele Käfer gestalten.

Mandala aus Edelsteinen

Material: Halbedelsteine in verschiedenen Farben und Größen; Tonschale; heller Sand

So legst du ein Mandala:

1. Nimm eine flache Schale und fülle Sand hinein. In die Mitte legst du einen großen Stein.

2. Dann suchst du dir acht kleinere Steine in einer anderen Farbe aus. Diese Steine legst du in einem Kreis um den großen Stein in der Mitte herum.

3. Für den dritten Kreis suchst du acht ganz kleine Steine aus und legst sie um den zweiten Kreis herum.

4. Damit dein Mandala noch etwas größer wird, legst du einen vierten Kreis: Dafür kannst du größere und kleinere Steine in verschiedenen Farben wählen.

Tip

Wenn du magst, kannst du auch ein Mandala aus Natursteinen legen. Dafür suchst du dir Steine in ganz unterschiedlichen Farben und Formen. Vielleicht kannst du auch mehrere Steine finden, die einander ähnlich sind. In die Mitte deines Mandalas legst du den allerschönsten Stein, den du finden kannst!

Eltern-Tip

Wer keinen Sand als Untergrund verwenden möchte, kann das Mandala auch auf ein Stück Stoff oder auf Filz legen.

Siehst du, wie die kleinen Steine in diesem Mandala strahlen?

Ursula Ritter ist seit vielen Jahren Erzieherin und Kindergartenleiterin. Sie gehört zu den Erfolgsautorinnen des Christophorus-Verlages.

Von Ursula Ritter sind in der Reihe *Das kann ich schon!* bereits die Bände **Eins, zwei, drei – kommt ein Zwerg herbei. Kinder falten Papier, Schau mal, eine Krokomaus. Lustige Stecktiere aus Papier, Lieber guter Weihnachtsmann. Kinder basteln im Advent** und **Heute feiern wir Geburtstag. Bastel- und Spielideen für Kinderfeste** erschienen.

ISBN: 3-53418-3

Styling und Fotos:
Christoph Schmotz, Freiburg
Umschlaggestaltung und Layoutentwurf: Network!, München
Produktion:
Uwe Stohrer Werbung, Freiburg
Druck: Himmer, Augsburg 1999

In unserer Reihe

Das kann ich schon!

sind bereits erschienen:

ISBN: 3-419-53411-6

ISBN: 3-419-53409-4

ISBN: 3-419-53414-0

ISBN: 3-419-53406-x

Neben dieser Auswahl aus der Reihe „Das kann ich schon!" haben wir noch viele andere Bücher im Programm. Wir informieren Sie gerne – fordern Sie einfach unsere neuen Prospekte an.

Wir sind für Sie da, wenn Sie Fragen zu AutorInnen, Anleitungen oder Materialien haben. Und wir interessieren uns für Ihre eigenen Ideen und Anregungen. Faxen, schreiben Sie oder rufen Sie uns an. Wir hören gerne von Ihnen!
Ihr Christophorus-Verlag

CHRISTOPHORUS
Hermann-Herder-Straße 4
79104 Freiburg i. Breisgau
Telefon: 0761/2717-268 oder
Fax: 0761/2717-352